»Flo und Valentina. Ach, du nachtschwarze Zwölf!« im Unterricht

INHALTSANGABE

U.1

In dem Kinderroman »Flo und Valentina. Ach, du nachtschwarze Zwölf!« von Lena Hach geht es um die Begegnung und (wachsende) Freundschaft zwischen dem Menschenjungen Flo und dem Vampirmädchen Valentina.

Die Handlung des Romans ist in drei große Abschnitte eingeteilt: die erste Nacht, der darauf folgende Tag und die zweite Nacht.

Mitten in der ersten Nacht erwacht der Menschenjunge Flo und bemerkt, dass er nicht mehr alleine in seinem Kinderzimmer ist. Zunächst geht er von einem Streich aus, den er seinem großen Bruder Anton zuschreibt. Doch dann ist eine Mädchenstimme zu hören, die die abgewandelte Form eines bekannten Kinderliedes singt. Schnell stellt sich heraus, dass da tatsächlich ein fremdes Mädchen in Flos Zimmer ist. – Es trägt einen Umhang und eine Maske. Da es anscheinend auf der Suche nach einem Zahn ist und Flo gerade einen Wackelzahn hat, glaubt Flo zunächst, die Zahnfee vor sich zu haben. Doch durch das eigentümliche Verhalten der Fremden wird schnell klar: So benimmt sich keine Fee!

Das fremde Mädchen hat Schokolade dabei und schlägt Flo einen Tauschhandel vor: Schokolade gegen seinen Wackelzahn. Flo wundert sich darüber, dass sein Zahn so wichtig ist und stellt Fragen. Dabei verrät sich das Mädchen schließlich aus Versehen: Sie ist ein Vampir! Nun bekommt Flo etwas Angst, schließlich trinken Vampire Blut. Doch Valentina (mit vollem Namen Valentina-Viola von Valenzia) albert herum und nimmt Flo seine Angst. Dann erzählt sie ihm, dass sie einfach noch zu jung ist für spitze Zähne, denn die bekommen Vampire erst mit ungefähr 198 Jahren. Aber Valentina möchte bei dem großen Vampirball, der bald stattfinden wird, gut aussehen und ist deshalb auf der Suche nach spitzen Ersatzzähnen.

Den Rest der ersten Nacht verbringen Flo und Valentina damit, Schokolade zu essen, über nervige große Brüder zu sprechen und zum Trinken in die Küche zu schleichen. Als Valentina dann von seinem Fenster in die Nacht davonfliegt, hofft Flo auf ein baldiges Wiedersehen. – Schließlich hat er ihr seinen Wackelzahn als Geschenk versprochen.

Der Tag beginnt für Flo erst einmal mit einem Familienfrühstück, bei dem seinen Eltern auffällt, wie müde er aussieht. Bald kommt das Gespräch auf Flos wackelnden Zahn und er merkt, dass seine Eltern – getarnt als Zahnfee – seinen Zahn gerne gegen Süßigkeiten austauschen würden. Das möchte er natürlich verhindern; schließlich soll ja Valentina seinen Zahn bekommen. Anton überzeugt Flo, sich mit der F-T-Methode den Zahn selbst zu ziehen. Doch Flo merkt schnell, dass es darum geht, den Zahn mit dem Zuschlagen der Türe herauszuholen, und macht einen Rückzieher. Beim Abendessen fällt der Wackelzahn schließlich von alleine heraus. Der Nachteil ist dabei allerdings, dass Flos Eltern nun auch von dem herausgefallenen Zahn wissen und diesen nachts gegen etwas Süßes austauschen wollen.

Zu Beginn der zweiten Nacht versucht Flo, wach zu bleiben, und hofft auf einen Besuch von Valentina. Als sie tatsächlich auftaucht, schenkt Flo ihr seinen Zahn. Valentina freut sich so sehr darüber, dass sie Schokolade verteilt. Anschließend starten die beiden zu einem kleinen Verdauungsflug, wobei Flo sich an dem Vampirmädchen festhält. Bei ihrem Flug durch die Nacht beobachten die beiden zuerst ein wenig Flos Nachbarn und steuern dann auf Antons Fenster zu. Als Anton aufwacht und Valentina gewagte Flugmanöver vorführt, ist Anton neidisch. Doch dann hypnotisiert sie Anton, damit er sich an nichts mehr erinnert. Zurück in Flos Zimmer muss sich das Vampirmädchen schnell verstecken, da nun seine Eltern mit ihrer »Zahnfee-Mission« auftauchen. Leider gelingt es Flo nicht, seinen Zahn erfolgreich vor seinen Eltern zu verstecken, was Valentina sehr traurig macht. Doch da hat Flo den rettenden Einfall: das Vampirgebiss aus Plastik für Karneval. Valentina ist selig und umarmt Flo freudig. Der Abschied lässt sich nun aber nicht mehr hinauszögern und bei der Umarmung murmelt Valentina unverständliche Worte – hat sie Flo etwa hypnotisiert, damit er alles vergisst?

Als Flo am nächsten Morgen aufwacht, sieht er in der Verkleidungskiste für Karneval nach: Das Vampirgebiss fehlt! Und da ist sich Flo sicher, dass sein Abenteuer echt war.

Die witzige Handlung des Kinderromans, bei der auch ernste Themen anklingen, wird durch die zahlreichen Illustrationen von Tine Schulz stimmungsvoll untermalt. Dabei werden auch die Figuren treffend dargestellt.

u.2 DIDAKTISCHES PROFIL DES KINDERROMANS

Das didaktische Potenzial des Romans als Unterrichtslektüre liegt in der Verknüpfung von vertrauten, assimilativen und eher neuen, akkommodativen Aspekten.[1] Vertraute Charakteristika des Textes, wie etwa in den Dimensionen »Thematik«, »Figuren«, »Wirklichkeitsbezug« usw., ermöglichen den Schüler_innen, einen eigenen, individuellen Zugang zum Text zu finden, und schaffen so Anknüpfungsmöglichkeiten für eine eigene Textdeutung (Assimilation).

Dieser Aspekt zeigt das lesefördernde Potenzial der Erzählung. Der Bereich des literarischen Lernens, auch »literarische Rezeptionskompetenz«[2] genannt, wird durch die neuen, zusätzlichen Anforderungen, die der Text an das literarische Verstehen der Schüler_innen stellt, angesprochen. Tabellarisch kann das didaktische Profil des Romans folgendermaßen dargestellt werden:

1 Vgl. Rank, Bernhard (2005): Leseförderung und literarisches Lernen. In: Lernchancen, 8. Jg., Heft 44, S. 4–9.
2 ders.

Dimension des Textes	Das Vertraute: Möglichkeit zur Assimilation (Leseförderung)	Das Neue: Notwendigkeit zur Akkommodation (literarisches Lernen)
Wirklichkeitsbezug	▶ Realitätsnahe Schilderung von Flos Gedanken, Gefühlen und Umgebung	▶ Einführung fantasievoller Wirklichkeitselemente
Thematik	▶ Geschwister & Familie ▶ Angst ▶ Freundschaft ▶ Anders sein wollen	▶ Existenz von Fantasiewesen ▶ Erfahrung: mutig zu sein, obwohl man Angst hat ▶ Freundschaft mit einem Vampirmädchen
Figuren	▶ Überschaubares Figurenarsenal, v.a. innerhalb einer Familie/eines Haushalts ▶ Positives Identifikationsangebot durch die Figuren Valentina und Flo	▶ Fantasiewesen (Vampir) ▶ Anton als ambivalente Figur ▶ Stellenweise ungewohnte Umsetzung von Geschlechterrollen (der mutige Vampir ist ein Mädchen ...)
Sprache/Stil	▶ Wörtliche Rede ▶ Stellenweise umgangssprachliche Ausdrucksweise	▶ Spiel mit Sprache und Thema (Vampir) ▶ Originelle Sprachgestaltung
Literarische Formelemente/ Erzählkonzept	▶ Ich-Erzähler (Flo) ▶ Lineare Erzählung mit wenigen kurzen Rückblicken ▶ Humor ▶ Spannung	▶ Handlung spielt vor allem nachts ▶ »Parallele« Lebensweise der Vampire ▶ Erzählzeit weitgehend Präsens, Rückblenden im Perfekt

LITERARISCHES PROFIL DES KINDERROMANS

Erzählweise

Der Kinderroman »Flo und Valentina. Ach, du nachtschwarze Zwölf!« von Lena Hach besteht aus 38 kürzeren Kapiteln. Diese sind wiederum in drei große Abschnitte aufgeteilt: die erste Nacht, der Tag und die zweite Nacht. Die jeweiligen Einstiegsseiten zu den Nacht-Abschnitten sind vollständig grau gehalten; Erzählstruktur und grafische Gestaltung greifen hier ineinander.

Insgesamt umfasst das Figurenarsenal wenige Figuren: das Vampirmädchen Valentina, den Menschenjungen Flo, seinen älteren Bruder Anton und die Eltern der beiden Jungen. In kurzen Sequenzen tauchen noch zwei Nachbarn von Anton auf. Außerdem erwähnt Valentina Mitglieder ihrer Familie, wie ihre sieben Brüder, und Flo erinnert sich an Personen aus seinem schulischen Kontext. Ein Großteil der Handlung spielt sich in Flos Wohnung und seinem Zimmer ab. In der zweiten Nacht wird er zusätzlich von Valentina zu einem nächtlichen Flug um den Block mitgenommen. Die erzählte Handlung umfasst dabei die bereits erwähnte Abfolge von der ersten Nacht, dem Tag sowie der zweiten Nacht.

Als Erzählzeit liegt weitgehend Präsens vor, was den Leserinnen und Lesern die Möglichkeit gibt, mitten ins Geschehen einzusteigen.

Der Text beinhaltet neben Gedankengängen von Flo auch viele Dialoge. In Kombination mit der verwendeten Erzählzeit entwickelt der Text das Potenzial, die Leser_innen direkt an Flos Erlebnissen zu beteiligen. Die Geschichte beginnt direkt mit dem plötzlichen Erwachen von Flo in der ersten Nacht und entwickelt sich von da an in erster Linie linear. Ergänzt wird dieser Erzählstrang durch wenige kurze Rückblenden – wie beispielsweise die vergangene unangenehme Begegnung mit der Nachbarin Frau Erbs.

Die konkrete Umsetzung der Ich-Perspektive ermöglicht Einblicke in die Gedanken- und Gefühlswelt von Flo. Der Austausch mit dem Vampirmädchen Valentina führt bei Flo zu neuen Erkenntnissen, deren Entstehungsprozess die Leser_innen quasi miterleben.

Themen und Motive

Thema »Angst«

Ein Thema, das in »Flo und Valentina. Ach, du nachtschwarze Zwölf!« von Lena Hach eine Rolle spielt, ist *Angst*. Bereits in der ersten Nacht wacht Flo auf und hat Angst (S. 1). Diese Angst ist für die Leser_innen nachvollziehbar. Schließlich ist es dunkel und Flo vermutet eine andere Person in seinem Zimmer. Die Tatsache, dass es sich dabei um ein Vampirmädchen handelt, bietet im weiteren Verlauf immer wieder Anlässe, um Angstgefühle aufkommen zu lassen: Beispielsweise als Flo realisiert, dass Valentina tatsächlich ein blutsaugender Vampir ist (S. 35). Neben diesen nachvollziehbaren Ängsten scheint das Thema Angst die Hauptfigur Flo auch unabhängig von seiner Vampirbegegnung zu beschäftigen. Sein Bruder bezeichnet ihn etwa als »Schisskaninchen [...]. Weil ich vor allem und jedem Schiss habe« (S. 48 f.). Vor diesem Hintergrund bietet die Begegnung und Freundschaft mit dem Vampirmädchen Valentina auch die Chance, sich selbst trotz Angst als mutig zu erleben – z. B. als Flo besonders mutig (»wie ein Löwenbändiger«, S. 38) in den Mund von Valentina hineinsieht.

Thema »Freundschaft«

Freundschaft (hier zwischen Flo und Valentina) ist ein weiteres relevantes Thema in diesem Kinderroman. Dabei tauchen verschiedene Aspekte auf, die Freundschaft ausmachen: Zunächst muss sich langsam Vertrauen aufbauen. Valentina muss Flo vertrauen, dass er niemandem von ihrem Vampirsein erzählt. Und Flo muss Valentina vertrauen, dass sie ihn nicht verletzt. Bei der Entwicklung von Vertrauen und Freundschaft sind gemeinsamer Spaß (wie beim gemeinsamen nächtlichen Flug, S. 94 ff.) und geteilte Erfahrungen (wie anstrengende Brüder, S. 47 f.) hilfreich. Darüber hinaus ist die Freundschaft von Flo und Valentina durch die Bereitschaft geprägt, sich gegenseitig zu unterstützen. Flo schenkt Valentina seinen ausgefallenen Wackelzahn und das Plastikgebiss. Valentina hilft Flo dabei, seinen Bruder Anton zu beeindrucken, und schenkt Flo Schokolade.

Thema »Geschwisterbeziehung«

Die *Geschwisterbeziehung* zwischen Flo und Anton wird im Laufe der Geschichte immer wieder thematisiert. Auf der einen Seite bewundert Flo seinen älteren Bruder: »Der weiß immer, was zu tun ist« (S. 12). Andererseits ärgert Flo sich darüber, dass Anton ihn »Schisskaninchen« (S. 48) nennt und ihm immer wieder Streiche spielt. Entsprechend genießt Flo das gemeinsame Flugmanöver mit Valentina vor Antons Fenster und die Bewunderung, die Anton dabei zeigt. Insgesamt scheint die hier beschriebene Geschwisterbeziehung ambivalent zu sein. So denkt Flo an einer Stelle darüber nach, wie Anton ihn manchmal ablenkt, wenn er traurig ist (S. 38).

Thema »Begegnung mit dem Fantasiewesen Vampir«

Durch das Auftauchen von Valentina spielt die *Begegnung mit dem Fantasiewesen Vampir* eine zentrale Rolle in dem vorliegenden Kinderroman. Dabei entdeckt Flo einige gemeiname Aspekte, die ihm vertraut sind und die seine Freundschaft mit Valentina begünstigen – wie ähnliches Alter, Gefühle der Unzulänglichkeit und (nervige) Brüder. Darüber hinaus aber erhalten Flo und die Leser_innen immer wieder Einblicke in die Vampirwelt von Valentina: Zum Beispiel nutzt Valentina eine Art Handbuch über Menschen, wenn sie im Umgang mit Flo nicht weiterweiß. Auch sprachlich zeigt sich Valentinas Vampirnatur, wenn sie etwa bekannte Redensarten abwandelt: »Morgen ist auch noch eine Nacht« (S. 54) und »Zur Feier der Nacht« (S. 91). Spannend ist außerdem die Begegnung mit dem Grufttier bei dem gemeinsamen Nachtflug von Flo und Valentina.

Sprachliche Besonderheiten

Die Hauptfigur Flo zeichnet sich unter anderem durch eine sprachlich gewitzte Ausdrucksweise aus. Dies zeigt sich beispielsweise an den folgenden Textstellen:

- »Um mich herum ist es zappendusterdunkel.« (S. 7)
- »Das mit dem Versteinertsein kommt von der Angst.« (S. 7)
- »Eigentlich wäre das Augenmaskenmädchen auch eine gute Comicfigur.« (S. 13)
- »Auch über Angeberbrüder denke ich nach.« (S. 57)
- »Miss-Witzblitz-Comics« (S. 64)
- »Der schreckliche Aufzugblockierer!« (S. 96)

Dabei verwendet die Autorin z. B. immer wieder Komposita. Damit wird den Leserinnen und Lesern vermittelt, dass Flo gerne mit Sprache umgeht. Außerdem wird so sein Hobby hervorgehoben, Comics zu erfinden und zu zeichnen.

Auch Valentina – als weitere zentrale Figur des Kinderromans von Lena Hach – bringt sprachliche Besonderheiten mit. So nutzt sie voller Selbstbewusstsein stets die Endung -s zur Pluralmarkierung, wie zum Beispiel:

- Fehlers (S. 15)
- Fees (S. 25)
- Zahns (S. 36)
- Vampirs (S. 49)

Flo bemerkt diese Unstimmigkeit und weist Valentina darauf hin. Doch sie besteht auf dieser Form der Pluralbildung und freut sich nahezu diebisch, als Flo ebenfalls ein »Zahns« (S. 40) herausrutscht. Diese Besonderheit in der sprachlichen Ausdrucksweise bei Valentina markiert ihr Anderssein als Vampir auf eine harmlose, amüsante Weise.

Eine Besonderheit des vorliegenden Kinderromans besteht in der ausgeprägten Umsetzung des Vampirthemas auch auf sprachlicher Ebene. Das zeigt sich bereits im ersten Kapitel, in dem Valentina ein bekanntes Kinderlied in abgewandelter Form zum Besten gibt:

- Schlaf, Kindchen, schlaf! / Dein Vater ist ein Graf. / Die Mutter hat geschnappt / recht frische Luft, / liegt jetzt wieder in der Gruft. / Schlaf, Kindchen, schlaf! (S. 8)
- Schlaf, Kindchen, schlaf! / Dein Vater ist ein Graf. / Die Mutter fliegt grad durch die Nacht, / es flattert ihr Umhang gar so sacht. / Schlaf, Kindchen, schlaf! (S. 9)

Darüber hinaus finden sich immer wieder thematisch abgewandelte Redensarten/gängige Formulierungen – wie:

- »[...] interessiert mich nicht die Knolle.« (S. 47)
- »[...] Zeit für die Gruft.« (S. 52)
- »Morgen ist auch noch eine Nacht.« (S. 54)
- »Zur Feier der Nacht!« (S. 91)
- »Ich könnte jetzt einen kleinen Verdauungsflug gebrauchen [...].« (S. 92)

Dies zeigt gleichzeitig Unterschiede und Gemeinsamkeiten des Alltags von Menschen und Vampiren auf.

DEUTUNGSPERSPEKTIVEN

u.4

Die Begegnung zwischen Valentina und Flo umfasst zwar nur einen Zeitraum von zwei Nächten, stößt jedoch Veränderungen im Leben der beiden an.

Flo nimmt sich selbst zunächst als ängstlich wahr. Sein großer Bruder Anton forciert diese Sichtweise, indem er Flo als »Schisskaninchen« bezeichnet. Durch die Begegnung mit dem Vampirmädchen Valentina gerät Flo jedoch immer wieder in Situationen, in denen er sich gar nicht ängstlich verhält. So sieht er Valentina mutig in den Mund, obwohl er weiß, dass er ein Vampirmädchen vor sich hat. Auch bei den Flugmanövern mit Valentina zeigt Flo, wie viel Mut in ihm steckt. Das wird schließlich auch seinem Bruder Anton ein Stück weit klar, der bei den Flugmanövern nur Zuschauer ist.

Darüber hinaus wird Flo von Valentina immer wieder ganz direkt bestärkt – am Ende nennt sie ihn sogar einen Superhelden.

Doch nicht nur die Kombination einzelner gemeinsamer Erlebnisse mit Valentina verändert den Blick von Flo auf sich selbst. Auch die wachsende Freundschaft zwischen den beiden hat Anteil daran. Dabei spielt unter anderem eine Rolle, dass Valentina als Vampir und Flo als Mensch sowohl spannende Unterschiede als auch einige Gemeinsamkeiten vorfinden. Valentina erscheint als starke Persönlichkeit mit kleineren Vampiranwandlungen, die aber ebenso mit Unsicherheit zu kämpfen hat. Sie empfindet ein Gefühl der Unzulänglichkeit, wenn es um ihre Zähne geht – und Zähne sind für ein Vampirmädchen nun mal wichtig. Hier kann Flo weiterhelfen und schenkt Valentina sein Vampirgebiss aus Plastik.

Obwohl Valentina und Flo aus verschiedenen Welten stammen (Vampir- und Menschenwelt), weist ihre Begegnung doch einige Aspekte auf, die für alle (wachsenden) Freundschaften relevant sind: gegenseitiges Vertrauen aufbauen, Respekt für den anderen zeigen und sich gegenseitig unterstützen.

Neben den Perspektiven Freundschaft und Veränderung/Weiterentwicklung der eigenen Person spielt auch die Begegnung zweier Lebenswelten eine Rolle in diesem Kinderroman. Es wird aufgezeigt, wie man trotz vorbehaltlicher Ängste und Unsicherheiten aufeinander zugehen und an dem Austausch sogar selbst wachsen kann.

METHODENKISTE

Die folgende »Methodenkiste« ist als Ideensammlung zur Planung einer Unterrichtseinheit zum Roman »Flo und Valentina. Ach, du nachtschwarze Zwölf!« gedacht. Dabei beziehen sich die Kompetenzen auf den Bildungsplan und die darin verabschiedeten »Bildungsstandards für das Fach Deutsch für den Primarbereich«.

In der rechten Spalte geben wir jeweils mögliche Beispiele für eine konkrete Umsetzung im Unterricht. Hier finden sich auch Verweise zu den Kopiervorlagen und Infoblättern in diesem Heft. Zahlreiche methodische Möglichkeiten sprechen mehrere Bildungsstandards an. Wir haben uns zum Zwecke der Übersichtlichkeit jeweils für einen Bildungsstandard des Bereiches 3.3 (»Lesen – mit Texten und Medien umgehen«) entschieden. Häufig lassen sich auch sinnvolle Bezüge zu den Bildungsstandards der anderen Bereiche herstellen.

Darüber hinaus stehen die vorgeschlagenen Methoden in Verbindung mit einem fächerübergreifenden Ansatz (wie mit dem Sach und Kunstunterricht), den Sie je nach Klassensituation, Vorwissen und Interessen der Schüler_innen modifizieren können.

Bildungsstandards	Methoden	Beispiele
→ Über Lesefähigkeiten verfügen		
• Altersgemäße Texte sinnverstehend lesen	• Einzelne Abschnitte sinngestaltend vorlesen	• Einen Lesevortrag zur Lieblingsstelle im Buch vorbereiten und vortragen (Feedback dazu geben) • Lese-Tandems • Dialoge mit verteilten Rollen lesen, z. B. Kapitel 3 oder 32 (→ **k.9**)
• Lebendige Vorstellungen beim Lesen und Hören literarischer Texte entwickeln	• Hörbuch zur Geschichte anhören	• Text(abschnitte) mit und ohne Hörauftrag anhören → vor, während oder nach der Lektüre
	• Szenen malen oder spielen	• Z. B. zu Kapitel 1 oder Kapitel 32
→ Über Leseerfahrungen verfügen		
• Verschiedene Sorten von Sach- und Gebrauchstexten kennen	• Sachtexte lesen und Informationen entnehmen	• Kindgerechte Sachtexte über Vampire recherchieren und lesen
• Kinderliteratur kennen: Werke, Autoren und Autorinnen, Figuren, Handlungen	• Fachbegriffe einführen und anwenden, z. B. Titel, Autorin, Illustratorin, Verlag, Umschlagtext, Zeile	• Fachbegriffe anhand des Buchs besprechen und anwenden • Fachbegriffe auf einem Plakat festhalten
	• Thematisch ähnliche Bücher kennenlernen	• Krügel: »Zelten mit Meerschwein« (Themen: Freundschaft, Angst überwinden) • Herzog: »Neue Hoffnung für Mister Vam« (Thema: Vampire)
• Sich in einer Bücherei orientieren	• Gezielt Bücher suchen	• Andere Kinderromane über Vampire oder zum Thema Freundschaft
• Informationen in Druck- und – wenn vorhanden – elektronischen Medien suchen	• Internetrecherche	• Typische Merkmale von Vampiren • Informationen über die Autorin
• Die eigene Leseerfahrung beschreiben und einschätzen	• Zum Inhalt des Textes begründet Stellung nehmen	• Einzelne Personen sowie ihre Handlungen beschreiben und bewerten → **k.5, k.8, k.10**
	• Abschließende Bewertung des Leseerlebnisses	• Einen Brief an die Autorin schreiben • Die eigene Meinung zum Buch formulieren → **k.11**
	• Bezüge zur eigenen Lebenswirklichkeit herstellen	• Angst und Mut – Freundschaft – Geschwister → **k.7, k.8**
→ Texte erschließen		
• Verfahren zur ersten Orientierung über einen Text nutzen	• Titelbild und Umschlagtext untersuchen	• Flo und Valentina vom Titelbild ausgehend beschreiben • Vermutungen zu Titel und Titelbild äußern: Was könnte in der Geschichte alles passieren?
	• Umschlagtext lesen	• Vermutungen zum weiteren Verlauf der Geschichte äußern
• Gezielt einzelne Informationen suchen	• Fragen zum Text beantworten	• Fragen zum Textverstehen schriftlich beantworten → **k.2, k.4, k.5, k.8, k.10, k.11** • Sich über Fragen zum Text mündlich austauschen → **k.4, k.7**
	• Den Textinhalt rekonstruieren	• Textstellen ordnen → **k.6**
	• Figuren herausarbeiten	• Figuren beschreiben → **k.5, k.10**
	• Kapitel selektiv nach einem bestimmten Aspekt lesen	• Besonderheiten im sprachlichen Ausdruck von Valentina suchen → **k.7**

Bildungsstandards	Methoden	Beispiele
	• Die Gedanken und Gefühle der Figuren herausarbeiten	• Wie fühlt sich Flo, als er im Dunkeln aufwacht? → k.2 • Warum möchte Valentina unbedingt Flos Zahn? → k.4 • Warum ist Flo so aufgeregt, als er Valentina den Zahn schenkt? → k.7
	• Wesentliche Textstellen kennzeichnen (unterstreichen, Randmarkierung, farbig markieren, ...)	• Besonderheiten im sprachlichen Ausdruck von Valentina unterstreichen
	• Kapitelüberschriften finden	• Eine Lesespur über die Kapitelüberschriften legen
• Texte genau lesen	• Veränderten Text vorlesen oder vorgeben, Vergleich mit dem Original	• Den Wahrheitsgehalt von Textstellen einschätzen → k.2, k.10
	• Stilmittel finden	• Pluralbildung mit »s« von Valentina → k.3
• Texte mit eigenen Worten wiedergeben	• Den Inhalt des Buchs mit eigenen Worten wiedergeben	• Die Illustrationen als Hilfestellung nutzen • Sätze/Satzteile für Zusammenfassungen ordnen und nutzen → k.6 • Experten-Tandems fassen einzelne Kapitel zusammen
	• Kapitel gliedern	• Textteile ordnen • Zwischenüberschriften finden
• Zentrale Aussagen eines Textes erfassen und wiedergeben	• Roten Faden zur Geschichte erstellen	• Zentrale Ereignisse auf Karten schreiben und entlang eines roten Fadens aufhängen
	• Spannungskurve zeichnen	• Zentrale Ereignisse auf Karten schreiben und entlang einer Spannungskurve ordnen (Plakat)
	• Gefühlskurve zeichnen	• Beispiel: Flo: Vom »Schisskaninchen« zum »Superhelden«
• Aussagen mit Textstellen belegen	• Aussagen zu einer Fragestellung suchen und Fundstellen angeben	• Zeilometer für genaue Zeilenangaben nutzen → k.1, k.2. k.5, k.10, k.11
• Eigene Gedanken zu Texten entwickeln, zu Texten Stellung nehmen und mit anderen über Texte sprechen	• Leerstellen des Textes ausfüllen	• Was erlebt Valentina bei sich zu Hause? → k.5 • Wie hat Anton das Flugmanöver von Flo und Valentina wahrgenommen? → k.8
	• Tagebucheintrag einer Figur verfassen	• Von Flo am Tag nach der Begegnung mit Valentina • Von Valentina nach dem Ball
• Bei der Beschäftigung mit literarischen Texten Sensibilität und Verständnis für Gedanken und Gefühle sowie zwischenmenschliche Beziehungen zeigen	• Handlungen, Verhaltensweisen und Verhaltensmotive der Figuren bewerten	• Valentinas Geheimnis → k.2 • Valentina und ihr Wunsch nach Flos Zahn → k.4 • Flo wird von Anton »Schisskaninchen« genannt → k.8
	• Figurenkonstellation herausarbeiten	• Figurenkonstellation bildhaft darstellen
• Unterschiede und Gemeinsamkeiten von Texten finden	• Vergleich von Texten	• Auch: alternatives Ende schreiben und in der Klasse vergleichen
• Handelnd mit Texten umgehen: z. B. illustrieren, inszenieren, umgestalten, collagieren	• Eine Textstelle als Rollenspiel darstellen	• Beispiel: Flo und Valentina lernen sich kennen
	• Eine Szene oder einen Schauplatz nachmalen	• Beispiel: Flos Zimmer
	• Einen Brief schreiben	• Einen Brief an die Autorin schreiben • Anton schreibt eine E-Mail → k.8
	• Einen Comic zeichnen	• Einen Superhelden-Comic zeichnen • Fächerübergreifend: bildgebende Comicgestaltung/Dialoge schreiben
	• Die Geschichte weiterschreiben	• Valentina kommt mit ihrem neuen Plastikgebiss nach Hause ... → k.11

Bildungsstandards	Methoden	Beispiele
• Handelnd mit Texten umgehen (Forts.)	• Ein Kapitel aus anderer Perspektive erzählen	• Kapitel 1 aus Valentinas Perspektive • Kapitel 31 aus Antons Perspektive
	• Die Geschichte umschreiben	• Flos Eltern entdecken Valentina
	• Interview mit einer Figur führen	• Interview mit dem Grufttier Beppo führen → k.9
	• Ein Hörspiel zu einer Szene verfassen	• Der Abschied zwischen Flo und Valentina (Kapitel 37)
	• Einen fiktiven Dialog zwischen Romanfiguren verfassen	• Gespräch zwischen Valentina und ihrer Mutter – als Valentina nach Hause kommt → k.11
	• Einen Steckbrief zu einer Figur erstellen	• Im weiteren Sinne: Superhelden-Steckbrief erstellen → k.6
	• Standbilder zu einer Szene	• Lieblingsstelle im Buch umsetzen: Standbild für Buchpräsentation nutzen, Szene/Kapitel erraten lassen
→ Texte präsentieren		
• Selbstgewählte Texte zum Vorlesen vorbereiten und sinngestaltend vorlesen	• Eine Textstelle auswählen • Auswahl begründen • Gestaltenden Lesevortrag vorbereiten und üben	• Lieblingsszenen oder eigene (Parallel-)Texte auswählen, geeignet einleiten und mit passender Stimmgebung vorlesen

u.b VORSCHLAG FÜR EINE UNTERRICHTSEINHEIT

Ein Lesetagebuch erstellen

Um den individuellen Lese- und Schreibprozess der Schüler_innen zu unterstützen, bietet sich die Arbeit mit einem Lesetagebuch an. Dieses können die Schüler_innen – beispielsweise in Form eines Ordners – begleitend zur Arbeit mit dem Kinderroman erstellen. Dabei nimmt das Lesetagebuch sowohl die im Unterricht erarbeiteten Inhalte als auch die ganz eigenen und individuellen Überlegungen der Kinder auf. In jedem Fall trägt das Lesetagebuch damit auch zur Ergebnissicherung bei.

Die Kinder erstellen im Verlauf der Unterrichtseinheit ihre ganz persönlichen und einmaligen Lektürebücher, die als Erinnerungsstück für die eigene Reflexion genutzt werden können. Darüber hinaus kann das Lesetagebuch ganz oder in Teilen in die Leistungsbewertung einfließen. Im Hinblick auf selbstgeschriebene Texte der Schüler_innen ist es beispielsweise möglich, dass verschiedene Textversionen (auch vor und nach Überarbeitungsschritten) eingeordnet und bei Bewertungen berücksichtigt werden.

Vor dem Lesen – die erste Textbegegnung gestalten

Es gibt verschiedene Möglichkeiten im Hinblick auf die erste Textbegegnung. Im Folgenden finden Sie einige Beispiele:

- Den Titel oder das Titelbild des Buchs zeigen und die Schüler_innen Vermutungen dazu äußern lassen.
- Den Umschlagtext gemeinsam lesen und Vermutungen zu den weiteren Inhalten sammeln.

Die erste Seite des ersten Kapitels vorlesen. Danach können Vermutungen über den Fortgang der Geschichte gesammelt werden.

Während des Lesens – den Kinderroman erarbeiten

Das eigentliche Lesen des Romans kann in einer Kombination aus Lesephasen zu Hause und im

Unterricht erfolgen. Im unterrichtlichen Kontext können, neben dem individuellen Lesen im eigenen Tempo und nach Bedarf der jeweiligen Lerngruppen, auch Lese-Tandems eingebunden werden. Bei Unterrichtssequenzen zum Lesen im Klassenverband sollte nicht das laute Reihum-Vorlesen fokussiert werden. Hintergrund ist, dass diese Vorgehensweise gerade auch für leistungsschwächere Leser_innen eher hinderlich ist. Außerdem erhält man durch das laute Lesen in dieser Form nur begrenzt Hinweise darauf, inwieweit Textverstehen vorliegt.

Die Erarbeitung des Kinderromans wird durch den Einsatz der Kopiervorlagen → **k.2–k.11** begleitet, die auch das Leseverstehen unterstützen. Hier können sich Phasen der Einzel-, Partner- und Gruppenarbeit, beispielsweise über den Ansatz »Think – Pair – Share«, ergänzen und unterschiedliche Perspektiven auf den Roman ermöglichen. Je nach Bedarf der jeweiligen Lerngruppe müssen die Kopiervorlagen entsprechend angepasst werden. In der vorliegenden Form sind die Kopiervorlagen zunächst als Fundus möglicher Aufgabenstellungen zu sehen, die von der Lehrkraft ausgewählt, abgeändert sowie ergänzt werden können.

Vorschläge für freie Arbeitsphasen mit dem Kinderroman

Beim und nach dem Lesen des Kinderromans bieten sich freiere Arbeitsphasen an. Diese sollten verstärkt die individuellen Interessen der Schüler_innen aufgreifen. Dabei können z. B. die Themen »Vampire« oder »Freundschaft« vertiefend betrachtet werden. Anregungen hierzu finden Sie beispielsweise in der »Methodenkiste« in diesem Heft (→ **u.5**).

Darüber hinaus ist es grundsätzlich empfehlenswert, das Klassenzimmer als anregende Lese- und Schreibumgebung zu gestalten. Dies kann schließlich auch in den freieren Arbeitsphasen den individuellen Lese- und Schreibprozess unterstützen.

Nach dem Lesen – Reflexionen anregen

Um die Anschlusskommunikation anzuregen, bietet es sich beispielsweise an, Eltern, weitere Verwandte, Freunde sowie andere Klassen zu einem gemeinsamen Lese-Fest einzuladen. Hier können Lieblingsfiguren und Lieblingsstellen aus dem Roman vorgestellt – oder auch weitere Arbeitsergebnisse (wie selbstgeschriebene Texte) präsentiert werden.

Eine gemeinsame abschließende Gesprächsrunde gibt den Kindern den Raum, ihre Meinung zu dem gelesenen Buch sowie zur Unterrichtseinheit einzubringen und zu begründen. Um eine solche Reflexion zu unterstützen, kann als Vorbereitung der Feedback-Bogen → **k.12** ausgefüllt werden.

Die letzte Seite dieses Heftes bietet Lösungen und Lösungsvorschläge zu einigen Aufgaben der Kopiervorlagen. Dabei finden insbesondere die geschlossenen Aufgabenstellungen Berücksichtigung, denn hier ist die Lösung in der Regel eindeutig.

Infoblätter

© Jacob Bühs

i.1 DIE AUTORIN LENA HACH

Die Autorin Lena Hach wurde 1982 in Seeheim-Jugenheim geboren. Nach ihrem Schulabschluss besuchte sie zuerst eine Schule für Clowns und studierte dann unter anderem Anglistik und Germanistik. In dieser Zeit begann Lena Hach, auch als Journalistin zu arbeiten, bis sie sich schließlich vollständig der Kinder- und Jugendliteratur zuwandte.

Derzeit lebt Lena Hach als freie Autorin mit ihrer Familie in Berlin. Darüber hinaus ist sie Autorin von Hörspielen und Theaterstücken.

Weitere Informationen zu Leben und Werk der Autorin finden Sie auf der Homepage von Lena Hach: https://www.lenahach.de.

Werke (Auswahl)

Von Lena Hach sind bereits mehrere Kinder- und Jugendbücher bei Beltz & Gelberg erschienen.

Kinderbücher

- Kawasaki hält alle in Atem (2014)
- Der Limonadensprudler (2017)
- Hugo und Big Dschi (2020)

Jugendbücher

- Wanted. Ja. Nein. Vielleicht (2014)
- Ich, Tessa und das Erbsengeheimnis (2016)
- Zoom. Alles entwickelt sich (2016)
- Nichts wünsche ich mir mehr (2017)

Auszeichnungen (Auswahl)

2012 Sonderpreis des Kinder- und Jugendliteraturpreises Steiermark
2015 Goldene Leslie
2017–2019 Leipziger Lesekompass
2018/2020 Shortlist DELIA-Jugendliteraturpreis
2018 Luchs des Monats Januar für »Das Liebesleben der Tiere« (mit Katharina von der Gathen)
2019 Comicbuchpreis für »Manno! Alles genau so in echt passiert«
2020 Luchs des Monats Juni für »Manno! Alles genau so in echt passiert«
2020 Max-und-Moritz-Preis – Bester Comic für Kinder: »Manno! Alles genau so in echt passiert«
2020 Shortlist Katholischer Kinder- und Jugendliteraturpreis

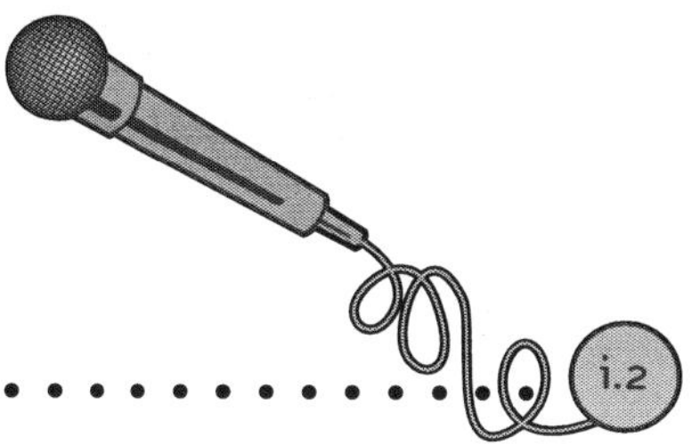

INTERVIEW MIT LENA HACH: »LASST NACHTS DAS LICHT AN!«

Lena Hach über ihre Idee zum Buch, ihre liebste Superkraft und das Verhältnis von Angst und Mut

? *Liebe Frau Hach, würden Sie gerne mal einem Vampir begegnen?*

Oh, ich bin super ängstlich. Und mag – zumindest wenn ich allein zu Hause bin – nicht mal ein spannendes Vampirbuch lesen. Weil ich, sobald ich die Augen zumache, dann an nichts anderes denken kann. Also ... eindeutig nein. Nicht mal mit ordentlich Knoblauch in den Taschen.

? *Was hat Sie zu der Geschichte rund um »Flo und Valentina« inspiriert?*

Ich mag Wörter und Wortspiele. Mich hat es gereizt, auszuprobieren, was man mit dem Wort »Zahnfee« noch so anstellen kann: Zahnhexe, Zahnelfe, Zahnzwerg ... An den Zahn lassen sich ja leicht ein paar andere Fabelwesen dranhängen. Und woher wissen wir eigentlich, dass es eine Fee ist? Wer hat sie schon einmal in Aktion gesehen und kann es beweisen? (Ich glaube, unter anderem in Frankreich erzählt man sich vom Zahnmäuschen.) Na, und da ein Vampir natürlich eine besondere Beziehung zu Zähnen hat, hab ich mich dann für den entschieden.

? *Gibt es einen bestimmten Grund, dass es »Flo und Valentina« und nicht »Florentina und Valentin« geworden sind?*

Oh, bestimmt. Fest steht, ich breche ganz gern mit Geschlechterklischees. Ob mir das hier gelungen ist, kann ich nicht sagen, weil das meiste ja wohl sowieso Zuschreibungen sind. Was ist schon männlich und was ist schon weiblich? Um beim Beispiel zu bleiben: Jungs können mutig und ängstlich sein, Mädchen können mutig und ängstlich sein und alle anderen auch.

? *Sie erzählen die Ereignisse aus der Ich-Perspektive von Flo. Ist das schon ein Hinweis auf Ihre Lieblingsfigur?*

Ich glaube, ich mag beide gleich gern: Flo und Valentina. Oder vielleicht kann man auch sagen: In manchen Kapiteln fühle ich mich näher an Flo, in anderen wiederum näher an Valentina.

? *Aus sprachlicher Sicht fällt unter anderem auf, dass Valentina für die Pluralbildung grundsätzlich ein -s an die Nomen hängt, wie beispielsweise bei »Zahns«. Hatten Sie diese Idee von Anfang an – oder kam Ihnen diese Idee beim Schreiben?*

Wenn ich mich richtig erinnere, kam mir die Idee erst beim Schreiben. Das passiert oft, dass da plötzlich was im Text entsteht oder auftaucht, was ich mir vorher gar nicht vorstellen konnte. Und wer weiß, vielleicht war es ursprünglich ja auch nur ein Tippfehler? Das würde mir zumindest sehr gefallen.

? *Flo beschäftigt sich gerne mit Superhelden. Über welche Superkräfte würden Sie gerne verfügen?*

Ich würde schon gern mal wissen, wie es ist, zu fliegen. Damit kann man nun leider nicht die Welt retten oder so ... Wahrscheinlich wäre eine Kraft besser, mit der man richtig Gutes tun kann. Aber Spaß würde es sicher machen!

? *Haben Sie selbst als Kind gerne Vampir- und/oder Superheldengeschichten gelesen?*

Klar habe ich Vampirgeschichten gelesen, »Der kleine Vampir« z.B. oder »Das Vamperl«. So ein bisschen Grusel ist ja nicht schlecht. (Vor allem, wenn man im Bett der Schwester schlafen darf.) Auch Superheldengeschichten habe ich gelesen, allen voran die »Superoma«-Reihe von Forrest Wilson. Die mochte ich, weil sie so schön schräg ist.

? *Das Verhältnis von Flo zu seinem älteren Bruder Anton scheint vielschichtig zu sein. Würden Sie sagen, dass es sich hier um eine typische Beziehung zwischen Geschwistern handelt?*

Ich glaube, Geschwisterbeziehungen sind immer vielseitig und unglaublich wertvoll. Ich bin jedenfalls unfassbar dankbar, eine kleine Schwester zu haben, auch wenn sie mir manchmal echt Nerven rauben konnte und kann. (Und ich ihr.)

? *Angst und Mut sind miteinander verbundene Themen, die in »Flo und Valentina« immer wieder eine Rolle spielen. Was würden Sie sich hier für die Thema-*

tisierung im Deutschunterricht der Grundschule wünschen?

Ich finde die Frage spannend, was Mut überhaupt ist. Es kann z. B. sehr mutig sein, zu seiner Angst zu stehen. Die zwei Dinge schließen sich nicht aus, im Gegenteil. Hier passt wieder der Begriff der Vielschichtigkeit. Angst ist ja auch nichts, das man immer überwinden muss. Angst kann etwa auch ein ganz guter Kompass sein, im Leben. Es kommt wohl auf die Balance an.

?*Werden sich Flo und Valentina wiedersehen – vielleicht in einem weiteren Ihrer Bücher?*

Darüber haben meine Lektorin und ich nachgedacht und uns dann dagegen entschieden. Aber es gibt die beiden – in leicht abgewandelter Form – als Hörspiel, das der MDR produziert hat. Das Hörspiel gab es sogar noch vor dem Buch. Mit etwas Glück kann man den beiden also im Radio begegnen.

?*Was möchten Sie als Autorin den Leserinnen und Lesern sonst noch zu »Flo und Valentina« mit auf den Weg geben?*

Wenn ihr nachts Angst habt: Lasst das Licht an.

Liebe Frau Hach, herzlichen Dank für das Gespräch!

Interview: Jasmin Benz, Marc Böhmann (Mai 2021)

Tabellarische Kapitelübersicht

i.3

Kap.	Seite	Inhalt
1	7–11	Flo wacht mitten in der ersten Nacht auf und merkt, dass er nicht mehr alleine in seinem Zimmer ist. Als er schließlich das Licht anmacht, sieht er ein fremdes Mädchen in seiner Autokiste.
2	12–14	Das fremde Mädchen hat eine Maske über den Augen und einen Umhang an. Sie wirkt insgesamt seltsam und verrät Flo, dass sie etwas Bestimmtes in seinem Zimmer sucht.
3	15–17	Die nächtliche Besucherin stellt Flo eine eigentümliche Frage: Ob er etwas verloren hat – einen Zahn zum Beispiel? Und tatsächlich wackelt zurzeit einer von Flos Zähnen.
4	18–19	Da kommt Flo ein Verdacht: Ist das Mädchen in seinem Zimmer vielleicht die Zahnfee? Er beschließt, direkt zu fragen.
5	20–22	Die Fremde überlegt kurz und bestätigt dann Flos Frage: Sie ist die Zahnfee! Doch dann verhält sie sich ganz komisch und überhaupt nicht wie eine Fee. Flo wird klar, dass sie ihn angelogen hat.
6	23–25	Flo und das Mädchen streiten sich darüber, ob sie nun eine Fee ist oder nicht. Am Schluss ist das Mädchen ganz genervt und möchte Schokolade essen – Flos Lieblingssüßigkeit.
7	26–28	Da schlägt sie Flo einen Tauschhandel vor: Seinen spitzen Wackelzahn gegen eine Tafel Schokolade. Und dabei verrät sich das Mädchen dann als Vampir.
8	29–31	Flo hakt nach und will wissen, ob das Mädchen in seinem Zimmer tatsächlich ein Vampir ist. Sie streitet alles ab, doch Flo bleibt beharrlich.
9	32–34	Endlich gibt das Mädchen zu, dass sie ein Vampir ist und Valentina-Viola von Valenzia heißt.
10	35–37	Flo bekommt nun doch ein bisschen Angst vor dem Vampir-Mädchen in seinem Zimmer. Doch Valentina albert herum, nimmt ihm die Angst und verrät ihm, dass ihre Zähne leider nicht spitz genug sind für einen Vampir.
11	38–40	Doch warum sind die Vampirzähne für Valentina so wichtig? Sie berichtet Flo von einem geheimen Vampirball, bei dem sie mit spitzen Zähnen richtig gut aussehen möchte.
12	41–44	Valentina erklärt, dass sie noch zu jung für spitze Zähne ist; sie ist gerade mal acht Jahre alt – in Menschenjahren gerechnet. Damit ist sie nur ein bisschen älter als Flo.
13	45–49	Nun teilen sie sich Valentinas Schokolade und fangen an, über ihre älteren Brüder zu reden. Valentina hat sieben Brüder, die sie »Trinchen Stumpfzahn« nennen. Flo erzählt von seinem Bruder Anton, der ihn »Schisskaninchen« nennt.
14	50–53	Durch die Schokolade bekommt Flo Lust auf ein Glas Milch. Die beiden schleichen in die Küche, doch Valentina möchte keine Milch. Sie ist schließlich ein Vampir!
15	54–58	Die erste Nacht neigt sich dem Ende entgegen und Valentina fliegt wieder nach Hause. Flo hofft, dass sie ihn bald wieder besucht, und beschließt, Valentina dann seinen Wackelzahn zu schenken.
16	59–62	Der Tag beginnt und Flo ist müde von seinen nächtlichen Erlebnissen. Anton zieht ihn beim Frühstück mal wieder auf und seine Eltern warten auf den Wackelzahn. Flo nimmt sich vor, es seinen Eltern nicht zu sagen, wenn der Zahn endlich rausfällt.
17	63–65	Anton berichtet Flo von der »F-T-Methode« (S. 64), mit der man einen Zahn ganz schnell loswerden kann. Allerdings erklärt er Flo nicht, was genau hinter dieser Methode steckt.
18	66–69	Anton und Flo bereiten sich auf die Umsetzung der F-T-Methode vor.
19	70–72	Als Flo erfährt, dass er sich dabei mithilfe der Tür seinen Zahn selber ziehen soll, entscheidet er sich dagegen.
20	73–76	Beim Abendessen mit seinen Eltern und Anton verliert Flo schließlich seinen wackelnden Zahn.
21	77–79	Jetzt hat Flo ein Problem: Seine Eltern möchten »als Zahnfee« den Zahn nachts gegen eine Süßigkeit eintauschen. Aber Flo möchte seinen Zahn doch Valentina schenken!
22	80–82	Nach dem Zähneputzen wird Flo von Anton erschreckt. Da ist Flo froh, dass er nur einen älteren Bruder hat und nicht sieben – wie Valentina.

Kap.	Seite	Inhalt
23	83–86	Nun beginnt die zweite Nacht: Flo liegt im Bett und versucht, nicht einzuschlafen. Denn zum einen möchte er nicht, dass seine Eltern den Zahn nehmen, und zum anderen wartet er auf Valentina.
24	87–90	Und tatsächlich kommt Valentina auch in dieser zweiten Nacht zu Besuch. Stolz überreicht Flo ihr seinen Zahn als Geschenk und Valentina freut sich sehr darüber.
25	91–93	Zur Feier der Nacht essen die beiden Schokolade und beschließen dann, einen Verdauungsflug zu unternehmen. Dazu muss sich Flo natürlich an Valentina festhalten.
26	94–96	Bei ihrem nächtlichen Flug sehen die beiden unter anderem in die Wohnung von Frau Erbs – einer eher unfreundlichen Nachbarin.
27	97–98	Dann beobachten sie einen weiteren Nachbarn, Herrn Huber, beim Tanzen.
28	99–101	Flo und Valentina fassen den Plan, nun Anton zu erschrecken. Allerdings möchte Valentina sich nicht einfach wie ein Gespenst aufführen.
29	102–104	Valentina schwebt vor Antons Fenster und ruft mit gruseliger Stimme seinen Namen. Doch als Anton aufwacht, sieht er eher verwundert als ängstlich aus.
30	105–106	Flo stellt seinem Bruder das Vampirmädchen vor und möchte ihn neidisch machen.
31	107–109	Um Anton neidisch zu machen, unternimmt Valentina (mit Flo auf dem Rücken) verschiedene gewagte Flugmanöver.
32	110–114	Damit Anton sich später an nichts mehr erinnert, wird er von Valentina mithilfe ihres Handbuchs hypnotisiert. Flo befürchtet nun, dass Valentina ihn später auch noch hypnotisieren könnte.
33	115–119	Als die beiden wieder zurück in Flos Zimmer sind, muss sich Valentina schnell verstecken: Flos Eltern wollen seinen Zahn gegen eine Süßigkeit eintauschen. Leider kann Flo das nicht verhindern und Valentina ist traurig.
34	120–122	Valentina ist immer noch enttäuscht. Da hat Flo plötzlich eine Idee und er holt seine Verkleidungskiste.
35	123–124	Nach kurzer Suche in der Verkleidungskiste findet Flo das Vampirgebiss aus Plastik und führt es der erstaunten Valentina vor.
36	125–128	Valentina ist ganz fasziniert von dem Plastikgebiss mit den spitzen Zähnen. Als Flo ihr das Gebiss schenkt, ist sie überglücklich.
37	129–132	Der Abschied rückt nun näher. Valentina umarmt Flo und murmelt dabei leise vor sich hin. Wird Flo etwa von ihr hypnotisiert?
38	133–136	Im letzten Kapitel des Romans ist sich Flo erst nicht ganz sicher, ob er alles geträumt hat. Doch ein Blick in seine Verkleidungskiste verrät ihm, dass sein Plastikgebiss tatsächlich fehlt: Vampire gibt es also doch!

FIGURENKONSTELLATION

i.4

Die Größe der Schrift für die Namen zeigt, wie wichtig die jeweilige Figur für die Geschichte »Flo und Valentina. Ach, du nachtschwarze Zwölf!« ist. Zwischen den beiden Hauptfiguren entsteht eine Freundschaft, daher stehen sie dicht nebeneinander. Das Thema »Geschwister« spielt eine wichtige Rolle – deshalb sind die Brüder von Flo und Valentina direkt unter ihnen zu finden.

Die beiden Hauptfiguren

(Ich-Perspektive)

- nur etwas jünger als Valentina
- findet sich selbst ängstlich
- hält Anton für einen Angeber
- erfindet gerne Superhelden
- zeichnet gerne eigene Comics
- liebt Schokolade

Valentina

(Valentina-Viola von Valenzia)

- ist ein Vampirmädchen
- 110 Vampirjahre alt (= 8 Menschenjahre)
- hat ein Geheimnis
- schwarz gekleidet, mit Maske und Umhang
- findet Flo mutig
- benutzt für die Mehrzahl (Plural) immer ein -s

Deren Geschwister und Eltern

Anton

(Flos Bruder)

- ist 13 Jahre alt
- kann gut seine Stimme verstellen
- ekelt sich vor vielen Dingen
- ist sehr mutig
- ärgert Flo häufig, nennt ihn »Schisskaninchen«
- lenkt Flo ab, wenn er traurig ist

Flos Eltern

- Mutter heißt Ute Hinz
- ihnen ist gesunde Ernährung wichtig
- behandeln ihre Kinder liebevoll
- gehen sonntags immer spazieren

Valentinas Brüder

- insgesamt sieben Brüder
- ärgern Valentina gerne, nennen sie »Trinchen Stumpfzahn«

Valentinas Eltern

- Mutter: Freifrau Veronika-Valeria von Valenzia
- ihr gefällt Valentina genauso, wie sie ist
- keine weiteren Informationen über Valentinas Vater

Weitere Figuren

Frau Erbs

(Flos Nachbarin)

- hat einen Mops
- wohnt im dritten Stock
- geht gerne ins Solarium
- ist unfreundlich zu Anton

Herr Huber

(Flos Nachbar)

- ist der Hausmeister
- wohnt gegenüber im zweiten Stock
- tanzt gerne Tango

Beppo

(Valentinas Grufttier)

- ist eine kleine schwarze Fledermaus
- Grufttier = Haustier

Lesezeichen und Zeilometer

Dieses Lesezeichen mit Zeilometer hilft dir, wenn du eine Textstelle genau angeben möchtest.
Du legst das Zeilometer oben an die Buchseite, so kannst du ablesen, in welcher Zeile etwas steht. (ACHTUNG: Manchmal beginnt der Text z. B. erst ab Z. 10. Dann nicht das Zeilometer verrutschen. Es wird immer oben angelegt.) Besonders schön wird dein Lesezeichen, wenn du es auf Pappe klebst und bunt anmalst.

»Seltsamer Besuch« (1)

1. Als Flo aufwacht, ist es *zappendusterdunkel*.

a) Erkläre, was *zappendusterdunkel* bedeutet.

____

____

____

____

____

b) Wie fühlt sich Flo, als er aufwacht und es *zappendusterdunkel* ist? Lies genau nach und fülle die Lücken. Benutze dein Zeilometer.

S. ____, Z. ____: Wie ________________ liege ich im Dunkeln in meinem Bett.

S. ____, Z. ____: Das mit dem ______________ kommt von der ______________________.

2. Lies Kapitel 1 und 2 genau.

a) Richtig (r) oder falsch (f)? Kreuze an und trage die passende Seite ein.

		r	f	Seite
a)	Flo wacht mitten in der Nacht auf und denkt, dass sein bester Freund ihn erschrecken möchte.	○	○	
b)	Flo hört eine Mädchenstimme singen.	○	○	
c)	Flo kommt das Lied bekannt vor, sogar der Text ist gleich.	○	○	
d)	Als Flo endlich das Licht anschaltet, sieht er ein Mädchen in seinem Kleiderschrank sitzen.	○	○	
e)	Das Mädchen hat einen schwarzen Umhang und eine schwarze Maske an.	○	○	
f)	Flo ist sich sicher: Das Mädchen hat ein Geheimnis.	○	○	

»Seltsamer Besuch« (2)

b) Verbesserte die falschen Informationen aus der Tabelle und schreibe sie richtig auf die Linien.

3. Das fremde Mädchen hat ein Geheimnis und sucht etwas.

a) Was könnte das Mädchen suchen? Schreibe um das Bild verschiedene Ideen.

b) Wie könnte die Geschichte weitergehen? Stelle zunächst allein Vermutungen an. Unterhaltet euch dann in der Klasse darüber.

»Ein unglaublicher Verdacht«

1. Wer sagt hier was?

a) Male die Sprechblasen von Flo grün und die Sprechblasen des fremden Mädchens rot an. Lies dazu nochmal auf Seite 15 nach.

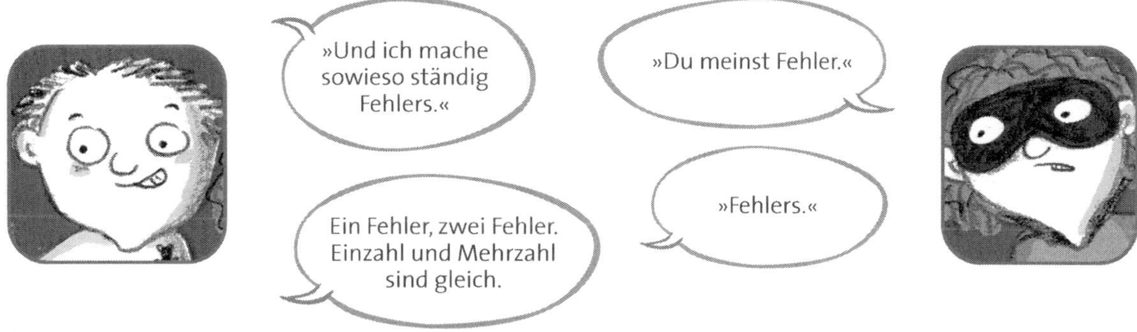

b) Zeichne nun die Gesprächsspur ein. Verbinde dazu die Sprechblasen in der richtigen Reihenfolge mit Linien.

2. a) Wie wird hier die Mehrzahl richtig gebildet? Schreibe sie mit Begleiter in die Tabelle.

Einzahl	Mehrzahl
der Vampir	die
das Abenteuer	
der Zahn	
das Menschenkind	
das Kinderzimmer	

b) Kreise die Nomen in der Tabelle ein, bei denen Einzahl und Mehrzahl gleich sind.

3. Ist das fremde Mädchen wirklich die Zahnfee? Schreibe mindestens drei Gründe auf, warum sie es wohl nicht ist. Lies dazu nochmal ab Seite 19.

- ______________________________
- ______________________________
- ______________________________

»Tauschgeschäft« (1)

1. Das fremde Mädchen (Valentina) schlägt ein Tauschgeschäft mit Schokolade vor.

a) Welche Gegenstände möchte Flo dem fremden Mädchen (Valentina) zuerst für die Schokolade anbieten? Lies nochmal auf Seite 27 nach und schreibe die Dinge auf.

____

____

b) Welche Gegenstände würdest du dem Mädchen (Valentina) im Tausch gegen die Schokolade anbieten? Schreibe mindestens zwei Möglichkeiten auf die Linien.

____

____

2. Überlege und tauscht euch dann mithilfe der Methode *Think – Pair – Share* zu der folgenden Frage aus:

Warum möchte das Mädchen (Valentina) ihre Schokolade ausgerechnet gegen einen Zahn tauschen?

> **Methode**
>
> **Think – Pair – Share:** Diese Methode dient dazu, Ideen und Gedanken zu einer Frage zunächst allein zu sammeln (*Think*). Diese werden dann mit einer Partnerin oder einem Partner ausgetauscht und weiterentwickelt (*Pair*). Zum Schluss tauschen sich jeweils zwei Paare zu ihren Ideen und Gedanken aus (*Share*). Das Ergebnis kann auf einem Plakat festgehalten werden.

a) Sammle zunächst allein deine Ideen und Gedanken zu der Frage oben (*Think*).

____

____

____

____

____

b) Tausche dich nun mit einer Partnerin oder einem Partner über eure Ideen und Gedanken aus. Schreibt eure gemeinsamen Ideen in euer Heft oder Lesetagebuch (*Pair*).

c) Sucht euch nun ein anderes Paar. Tragt eure Ergebnisse jeweils den anderen vor (*Share*). Vergleicht: Gibt es ähnliche Ideen und Gedanken oder nicht?

»Tauschgeschäft« (2)

3. Jetzt ist es raus: Valentina ist ein Vampir!

a) Schreibe in die linke Spalte der Tabelle, was du alles über Vampire weißt. Vielleicht helfen dir die Stichworte auf dem Notizzettel.

Was es über Vampire zu wissen gibt	So ist das bei Valentina
Vampire können Knoblauch nicht ausstehen.	

b) Fülle nun die rechte Seite der Tabelle zu Valentina aus. In den Kapiteln 15 und 34 bis 36 erfährst du noch mehr darüber. Ergänze die Informationen später.

»Nur rotes«

1. Was erfährst du noch über Valentina und ihre Familie? Schreibe um das Bild alle neuen Informationen.

____

2. Flo ist ein Mensch und Valentina ist ein Vampir. Die beiden haben aber auch Gemeinsamkeiten. Schreibe mindestens drei Gemeinsamkeiten in dein Heft oder Lesetagebuch.

Gemeinsamkeiten von Flo und Valentina

3. Sprachspiel: Sätze verlängern.

a) Flo und Valentina verlängern abwechselnd einen Satz. Vervollständige die Lücken mithilfe von Kapitel 14 und benutze auch dein Zeilometer.

S. _____, Z. _____: »Nougatschokolade ist das ______________________«, ergänze ich.

S. _____, Z. _____: »Nougatschokolade ____________ ist das Beste«, fährt Valentina fort.

S. _____, Z. _____: »Nougatschokolade um Mitternacht ist das Beste ...«, beginne ich,

»... wenn ____!«

b) Arbeite zusammen mit einem Partnerkind: Einer von euch vervollständigt den folgenden Anfang. Anschließend verlängert ihr abwechselnd den Satz.

Vampire sind ____

c) Nun überlegt ihr euch eigene Satzanfänge. Anschließend verlängert ihr abwechselnd den Satz.

4. Am Ende der ersten Nacht fliegt Valentina nach Hause. Überlege: Was könnte passieren, als Valentina zu Hause bei ihrer Vampirfamilie ankommt? Schreibe diese Geschichte in dein Heft oder Lesetagebuch.

»Unvorhergesehenes Problem«

1. Hier findest du eine Zusammenfassung der Ereignisse am Tag nach Valentinas Besuch.

a) Verbinde die passenden Sätze/Satzteile mit Linien.

Kapitel 16: Flo erzählt seinen Eltern beim Frühstück von seinem Wackelzahn ●	● mit der man einen Zahn ganz schnell loswerden kann.
Kapitel 17: Anton berichtet Flo von der »F-T-Methode«, ●	● und sein Vater erinnert ihn daran, Bescheid zu sagen, wenn der Zahn ausfällt.
Kapitel 18: Anton und Flo bereiten sich auf ●	● verliert Flo schließlich seinen wackelnden Zahn.
Kapitel 19: Als Flo erfährt, dass er sich dabei mithilfe der Tür seinen Zahn selber ziehen soll, ●	● Aber Flo möchte seinen Zahn doch Valentina schenken!
Kapitel 20: Beim Abendessen mit seinen Eltern und Anton ●	● die Umsetzung der F-T-Methode vor.
Kapitel 21: Jetzt hat Flo ein Problem: Seine Eltern möchten »als Zahnfee« den Zahn nachts gegen eine Süßigkeit eintauschen. ●	● Da ist Flo froh, dass er nur einen älteren Bruder hat und nicht sieben – wie Valentina.
Kapitel 22: Nach dem Zähneputzen wird Flo von Anton erschreckt. ●	● entscheidet er sich dagegen.

b) Schreibe mithilfe der Sätze oben eine Zusammenfassung der Ereignisse vom Tag (S. 59–82) in dein Heft oder Lesetagebuch.

2. Flo denkt sich gerne Superhelden (z. B. Mister Floow, Miss Witzblitz) aus.

a) Erstellt mit der Klasse eine Steckbrief-Vorlage für Superhelden/Superheldinnen.

b) Erfinde deinen eigenen Superhelden/deine eigene Superheldin und fülle den Steckbrief für dein Lesetagebuch aus. Du kannst auch ein Bild dazu malen.

Name:

Spitznamen/Alias-Namen:

Aussehen und besondere Merkmale:
(z. B Größe, Frisur, besondere Kleidung)

Familie: (z. B. Eltern, Geschwister ...)

Freunde:

Eigenschaften: (z. B. neugierig, vorlaut ...)

Vorlieben: (z. B. Sportart ...)

»Zur Feier der Nacht« (1)

Valentina kommt tatsächlich auch in der zweiten Nacht zu Besuch …

1. Flo ist sehr aufgeregt, als er Valentina schließlich seinen Zahn schenkt. Warum ist er so aufgeregt? Sprecht in der Klasse darüber.

2. Überlege: Warst du selbst auch schon so aufgeregt wie Flo? Warum? Schreibe eine Geschichte darüber.

a) Notiere zunächst Stichpunkte dazu. Nutze die folgenden Fragen.

Tipp

- **Wie** kam es dazu?
- **Was** passierte genau?
- **Welche** Gefühle hattest du dabei? **Warum** warst du dabei aufgeregt?
- **Wie** ging es dann weiter?
- **Wie** endete die Situation?

____

____

____

____

____

____

b) Schreibe nun deine Geschichte in dein Heft oder Lesetagebuch. Achte auf die Tipps oben im Kasten. Finde eine passende Überschrift.

3. Besprecht und überarbeitet eure Geschichten mithilfe einer Schreibkonferenz.

a) Bildet Gruppen mit drei Kindern.

1. Jedes Kind liest seine Geschichte vor.
2. Die anderen Kinder hören gut zu.
3. Danach sagen sie, was ihnen gut gefallen hat.
4. Gibt es auch etwas, was verändert oder verbessert werden könnte?
5. Achtet bei eurer Rückmeldung auf die Tipps im Tippkasten.
6. Wählt gemeinsam eine passende Überschrift aus.

Tipp

Geht in der Schreibkonferenz rücksichtsvoll und freundlich miteinander um.

b) Überarbeite deine Geschichte mithilfe der Tipps aus der Schreibkonferenz. Prüfe sie danach noch auf Rechtschreibung. Schreibe die Geschichte dann ordentlich in dein Heft oder Lesetagebuch.

»Zur Feier der Nacht« (2)

4. Valentina ist ein Vampir und das merkt man auch daran, wie sie sich ausdrückt. Finde auf den angegebenen Seiten noch mehr vampirische Aussagen von Valentina und vervollständige die Sprechblasen.

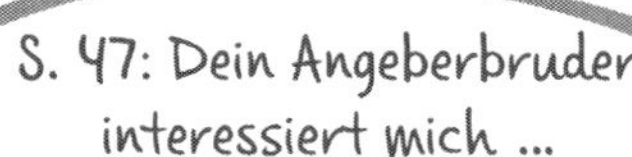

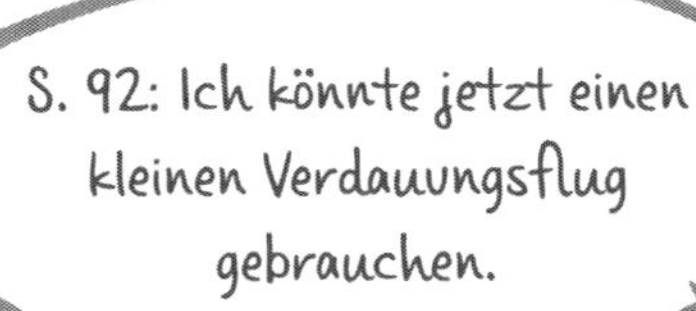

S. 54: Morgen ist ...

5. Kannst du »übersetzen«, was Valentina sagt? Wie würde sich hier ein Mensch ausdrücken?

a) Schreibe die »Übersetzung« der vier Sätze aus den Sprechblasen in dein Lesetagebuch.

b) Schreibe zu jedem der Sätze eine Erklärung und beschreibe, in welchen Situationen man sie verwendet.

6. Finde noch mehr Vampirwörter und Vampirsätze im Buch! Schreibe sie hier auf.

»Abflug« (1)

1. Flo denkt bei seinem Flug mit Valentina:
»Vielleicht hat Valentina ja recht und ich bin wirklich kein Schisskaninchen mehr.« (S. 98)

Arbeitet mithilfe der Methode *Think – Pair – Share* heraus, warum er das denkt und was Flo das nächste Mal sagen kann, falls er wieder so genannt wird.

Methode

Think – Pair – Share: Diese Methode dient dazu, Ideen und Gedanken zu einer Frage zunächst allein zu sammeln (*Think*). Diese werden dann mit einer Partnerin oder einem Partner ausgetauscht und weiterentwickelt (*Pair*). Zum Schluss tauschen sich jeweils zwei Paare zu ihren Ideen und Gedanken aus (*Share*). Das Ergebnis kann auf einem Plakat festgehalten werden.

a) Schreibe auf, wer Flo immer »Schisskaninchen« nennt und warum er oder sie das sagt. (*Think*)

____

____

____

b) Suche dir ein Partnerkind. Überlegt gemeinsam: Was könnte Flo das nächste Mal sagen, wenn er wieder »Schisskaninchen« genannt wird? (*Pair*) Schreibt eure Ergebnisse in die Sprechblasen.

c) Sammelt eure Ideen in der Klasse. Überlegt, welche Ideen auch bei anderen verletzenden Aussagen helfen könnten. Erstellt mit diesen Ideen ein Plakat. (*Share*)

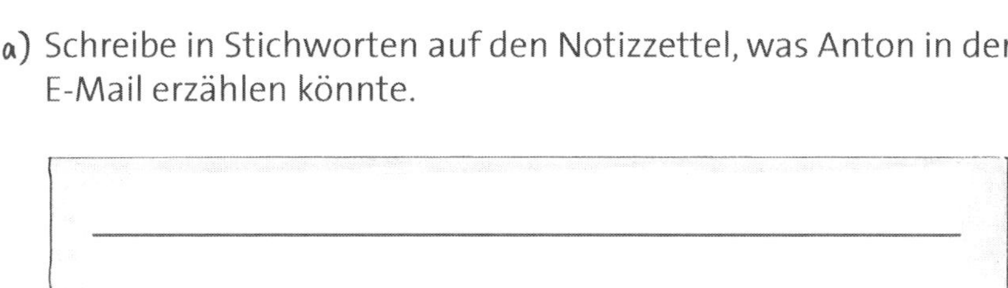

2. Anton kann bei Valentinas Flugshow nur zusehen. Er erzählt seinem besten Freund in einer E-Mail von diesem Erlebnis.

a) Schreibe in Stichworten auf den Notizzettel, was Anton in der E-Mail erzählen könnte.

____

____

____

____

b) Schreibe die E-Mail von Anton an seinen besten Freund.

Von: Anton@gmy.de
An:
Betreff:
Hallo ____________________, du glaubst nicht, was mir gerade passiert ist! ____________________ ____ ____ ____ ____ ____ ____ Bis bald! Anton

»Nächtlicher Zwischenfall«

1. Wie sieht Beppo, das Grufttier, wohl aus? Lies auf S. 110 nach und male Beppo in den Schmuckrahmen.

2. Beppo lebt als Haustier bei den Vampiren.

   a) Schreibe mit einem Sitznachbarn oder einer Sitznachbarin Fragen an Beppo zu seinem Leben bei den Vampiren auf.

   b) Überlegt, was Beppo auf die Fragen antworten könnte, und schreibt die Antworten dazu.

   c) Sprecht die Fragen und Antworten wie bei einem Interview in verteilten Rollen.

3. Valentina benutzt häufig ein Handbuch.

   a) Erkläre, was das für ein Handbuch ist.

   ____

   ____

   b) Schreibe einen Beitrag für das Vampir-Handbuch zum Thema »Menschen und ihre Haustiere«.

»Die rettende Idee«

Flos Eltern nehmen den ausgefallenen Zahn mit. Doch dann hat Flo eine Idee …

1. Valentina muss sich vor Flos Eltern verstecken. Nenne zwei Gründe dafür:

____

____

____

2. Erkläre, warum Flos Eltern den ausgefallenen Zahn holen.

____

____

3. a) Lies auf Seite 122 nach und fülle die Tabelle aus.

	richtig	falsch	Seite
a) Im Handbuch steht, dass auch Erwachsene Karneval feiern.	◯	◯	
b) Flo erzählt, dass Anton nichts blöd findet.	◯	◯	
c) Valentina erzählt, dass Vampire immer die gleichen Sachen blöd finden.	◯	◯	
d) Valentina hat noch nie gelogen.	◯	◯	

b) Was findest du alles blöd? Schreibe immer auch einen Grund dazu. Benutze dafür dein Lesetagebuch.

4. Was hast du in dieser Geschichte über das Vampirmädchen Valentina erfahren?

a) Schreibe alle Informationen um das Bild von Valentina.

b) Beschreibe Valentina in deinem Lesetagebuch.

c) Ist Valentina ein typischer Vampir? Sprecht in der Klasse darüber.

»Abschied«

1. Vervollständige die Lücken mithilfe von Kapitel 37 und 38. Beantworte die Fragen in ganzen Sätzen.

a) S. _____, Z. _____:

Da tut Valentina es noch einmal: Sie drückt mich. Und ich drücke sie. Das fühlt sich gut an. Nach richtiger ______________________________.

Wie fühlt sich richtige Freundschaft für dich an?

____

____

b) S. _____, Z. _____:

Sie murmelt etwas, das mir ______________________________ vorkommt.

Was könnte Valentina ihm denn ins Ohr geflüstert haben?

____

____

c) S. _____, Z. _____:

Mit einem Mal weiß ich: Es gibt zwar keine ______________________________.

Dafür andere unglaubliche ______________________________,

schräge Abenteuer und wilde ______________________________.

Woran hat Flo gemerkt, dass seine Begegnung mit Valentina wirklich stattgefunden hat?

____

____

2. Valentina kommt zu Hause an und spricht mit ihrer Mutter (oder ihrem Vater) über ihr neues Plastikgebiss.

a) Schreibe mit einem Sitznachbarn/einer Sitznachbarin dieses Gespräch auf.

b) Lest das Gespräch in verteilten Rollen.

Feedback-Bogen

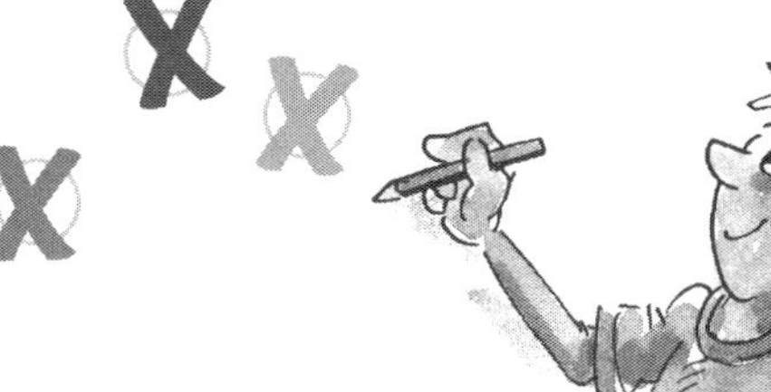

Du kennst das Buch »Flo und Valentina. Ach, du nachtschwarze Zwölf!« nun sehr genau. Jetzt sollst du deine Meinung zum Roman darstellen.

1. Wie bewertest du die Figuren im Buch? Vergib Noten von 1 bis 6. Mit 1 bewertest du Figuren, die du besonders sympathisch findest, mit 6, die du nicht so sympathisch findest.

☐ Valentina ☐ Flo ☐ Anton ☐ Eltern von Flo

2. Welche Szene fandest du besonders lustig oder spannend?

Als ______________________________

3. Gibt es etwas, was dir am Buch nicht so gut gefallen hat? ______________________________

____

4. Jetzt ist dein Urteil gefragt! Kreuze an.

	stimmt total	stimmt	geht so	stimmt nicht
a) Die Geschichte des Romans fand ich interessant.	○	○	○	○
b) Ich hätte auch am Anfang Angst vor Valentina gehabt, weil sie ein Vampir ist.	○	○	○	○
c) Ich würde Valentina auch helfen, an spitze Zähne zu kommen.	○	○	○	○
d) Mit Valentina zu fliegen wäre toll.	○	○	○	○
e) Ich finde es gemein, dass Anton zu seinem Bruder Flo »Schisskaninchen« sagt.	○	○	○	○
f) Ich finde es gut, dass Flo immer mutiger wird.	○	○	○	○

5. a) Wie hat dir das Buch insgesamt gefallen? Kreuze an.

☐ sehr gut ☐ gut ☐ geht so ☐ schlecht

b) Begründe deine Antwort. ______________________________

____

Lösungen und Lösungsvorschläge

K.2

2. a) a) falsch (S. 7), b) richtig (S. 8), c) falsch (S. 8), d) falsch (S. 11), e) richtig (S. 12), f) richtig (S. 14)
   b) Flo wacht mitten in der Nacht auf und denkt, dass sein Bruder Anton ihn erschrecken möchte.
   Er kennt das Lied, aber der Text ist anders.
   Als Flo endlich das Licht anschaltet, sieht er ein Mädchen in seiner Autokiste sitzen.

K.3

1. a) und b) »Und ich mach sowieso ständig Fehlers« (rot) / »Du meinst Fehler.« (grün) / »Fehlers.« (rot) / »Ein Fehler, zwei Fehler. Einzahl und Mehrzahl sind gleich.« (grün)
2. a) und b) die Vampire / die Abenteuer / die Zähne / die Menschenkinder / die Kinderzimmer (Hier könnte man noch besprechen, dass sich die Artikel in den Beispielen durchaus verändern.)

K.4

1. a) Flo möchte ihr seine Feuerwehr oder den Playmobil-Ritter (vielleicht sogar mit Pferd) anbieten.
3. a) Beispiel: Vampire sind Blutsauger. / Vampire meiden Sonnenschein. / Vampire haben kein Spiegelbild.
   b) Beispiel: Valentina mag keinen Knoblauch. / Valentina kann noch kein Blut saugen, da ihre Zähne nicht spitz genug sind. / Valentina benutzt Sonnencreme, um sich vor dem Sonnenschein zu schützen. / Valentina hat kein Spiegelbild.

K.5

2. Beide haben Brüder. Beide mögen Schokolade. Beide wollen sich verändern: Valentina möchte spitzere Zähne haben und Flo möchte mutiger sein.

K.6

1. a)
   - Kapitel 16: Flo erzählt seinen Eltern beim Frühstück von seinem Wackelzahn / und sein Vater erinnert ihn daran, Bescheid zu sagen, wenn der Zahn ausfällt.
   - Kapitel 17: Anton berichtet Flo von der »F-T-Methode«, / mit der man einen Zahn ganz schnell loswerden kann.
   - Kapitel 18: Anton und Flo bereiten sich auf / die Umsetzung der F-T-Methode vor.
   - Kapitel 19: Als Flo erfährt, dass er sich dabei mithilfe der Tür seinen Zahn selber ziehen soll, / entscheidet er sich dagegen.
   - Kapitel 20: Beim Abendessen mit seinen Eltern und Anton / verliert Flo schließlich seinen wackelnden Zahn.
   - Kapitel 21: Jetzt hat Flo ein Problem: Seine Eltern möchten »als Zahnfee« den Zahn nachts gegen eine Süßigkeit eintauschen. / Aber Flo möchte seinen Zahn doch Valentina schenken!
   - Kapitel 22: Nach dem Zähneputzen wird Flo von Anton erschreckt. / Da ist Flo froh, dass er nur einen älteren Bruder hat und nicht sieben – wie Valentina.

K.7

4. S. 92: Ich könnte jetzt einen kleinen Verdauungsflug gebrauchen.
   S. 54: Morgen ist auch noch eine Nacht.
   S. 47: Interessiert mich nicht die Knolle.
   S. 91: Zur Feier der Nacht!

K.9

3. a) Beispiel: Das Handbuch erklärt Vampiren, was es über Menschen zu wissen gibt. Es enthält beispielsweise Informationen zu bekannten Festen und Feiertagen der Menschen.

K.10

1. – Sie kann nicht fliegen, wenn sie Angst hat.
   – Sie kann Erwachsene nicht hypnotisieren.
3. a) richtig (Zeile 4–5), b) falsch (Zeile 9–10), c) richtig (Zeile 13), d) falsch (Zeile 21–22)

K.11

1. S. 131, Z. 10: Freundschaft
   S. 131, Z. 16: merkwürdig vertraut
   S. 136, Z. 2–4: Zahnfee, Wesen, Geschichten